Peter Newell

Topsys & Turvys

Drunter & Drüber

Mit »Drunter & Drüber / Topsys & Turvys« legt die Amalienpresse nach »Die Rakete / The Rocket Book« einen weiteren Geniestreich Peter Newells (1862 – 1924) vor.

Das witzige Bilderbuch für Kinder und Erwachsene war bereits 1893 erschienen, neunzehn Jahre vor den Abenteuern der ausgebrochenen Rakete. In Anknüpfung an den großen Erfolg erschienen bald Fortsetzungen, die Bilder zweier Bände sind hier vereint. Mit Fug und Recht kann man in Newell wenn nicht den Erfinder, so doch den Popularisator des »Ambigramms« sehen, das, auf den Kopf gestellt, die Überraschung einer ganz anderen Szene bietet, oft der ersten geradezu entgegengesetzt.

Um die Wende zum 20. Jahrhundert sollten sich solche Kopfsteher-Bilder dann auf Postkarten, Kunstdrucken oder auch als Zeitungsserie großer Beliebtheit erfreuen.

Ein Bilderbuch für Kopfsteher

Deutsch von Wolfgang von Polentz

When Bertram Bowles fell off the dock, so loudly did he shout,

That Clarence Cowles leaned o'er the edge and hoisted Bertram out.

Als Benny Baff ins Wasser fiel, schrie er vor Schreck und Graus.

Bis Conny Cool sich runterbeugt und zieht ihn wieder raus.

The Elephant leans o'er the fence and wonders why it is

The Ostrich has a longer neck and smaller mouth than his.

Der Elefant beäugt den Strauß und wundert mächtig sich:

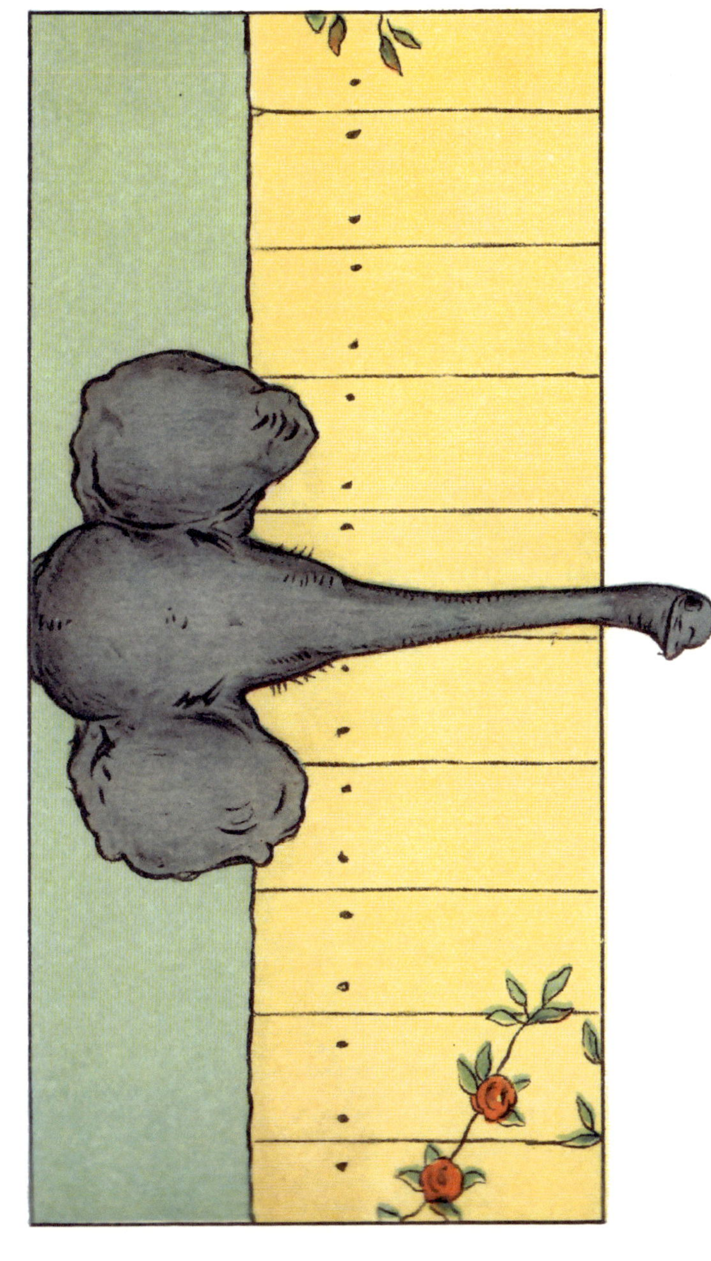

»Der Hals ist länger als bei mir – die Ohren jämmerlich.«

Fernando bears his cradle in, a cradle strong and deep.

Then, placing it upon a rug, he rocks himself to sleep.

Charlotte schleppt die Wiege heim auf ihrem Rücken brav.

Dann klettert sie zufrieden rein und wiegt sich in den Schlaf.

»What is that squealing noise I hear?« the angry Farmer said.

The Pig replied, »It's half past six, and time that I was fed!«

Der Bauer ruft: »Wer quiekt da so zum Mark- und Beinerschüttern?«

Das Schwein erwidert: »Es ist sechs! Zeit, endlich mich zu füttern!«

Behind each station window
there stood a watchful Spy,
While fierce, mustached Conspirators
in cars went riding by.

An jedem Bahnhofsfenster steht ein Detektiv und späht,

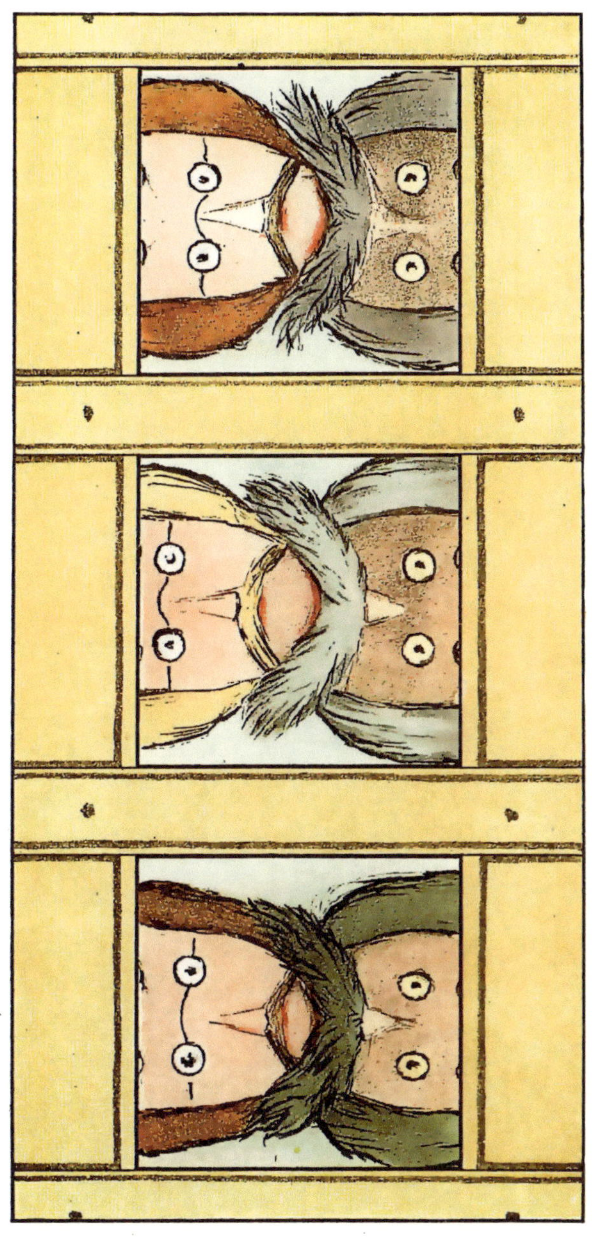

Dass ihm die Bande in dem Zug nicht durch die Lappen geht.

Three tender-hearted Wollypogs
upon a lawn did play,–

But three fierce Dogs came growling out and drove them far away.

Die Wuscheltiere, sanft und lieb, kobolzen auf der Wiese.

Da stürmen plötzlich auf sie los drei Hunde, ziemlich fiese.

The juggling Japs come on the stage, they bow and sweetly smile.

Then everything is kicked in air,
and kept there quite awhile.

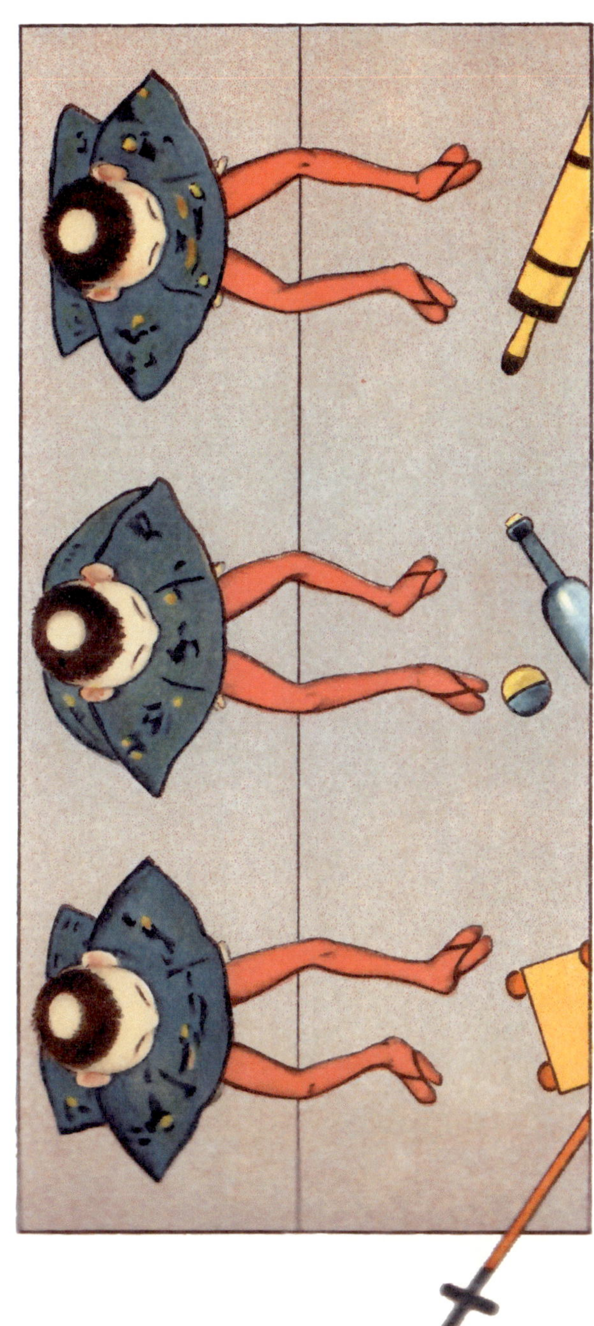

In die Manege treten die Jongleure mit Verneigen
Und werden gleich mit Fuß und Hand uns ihre Künste zeigen.

Why does this ornamented King gaze on the ground with dread?

Because a Spider lurks below as large as is his head.

Was sieht entsetzt der Häuptling mit dem wilden Schopf?

Da lauert auf ihn eine Spinne, groß wie'n Kopf!

These smiling Boys in velvet caps are just let out from school.

Their bawling Friends, kept in, regret they broke the teacher's rule.

Wer aus der Schule kommt, der hat gut lachen.

Doch wer sie schwänzt, muss vieles doppelt machen.

Before the fire, on Christmas Eve, Miranda hangs her stocking.

And Santa Claus, with pack,

slips down the chimney

without – *knocking.*

Den längsten Strumpf sucht Lisa für den Weihnachtsmann.

Nachts steigt den Schornstein er herab und klopft nicht an.

Beneath the palms some Arabs pitched their tents as white as snow;

The Storks, on seeing them, remarked, »It's time for us to go!«

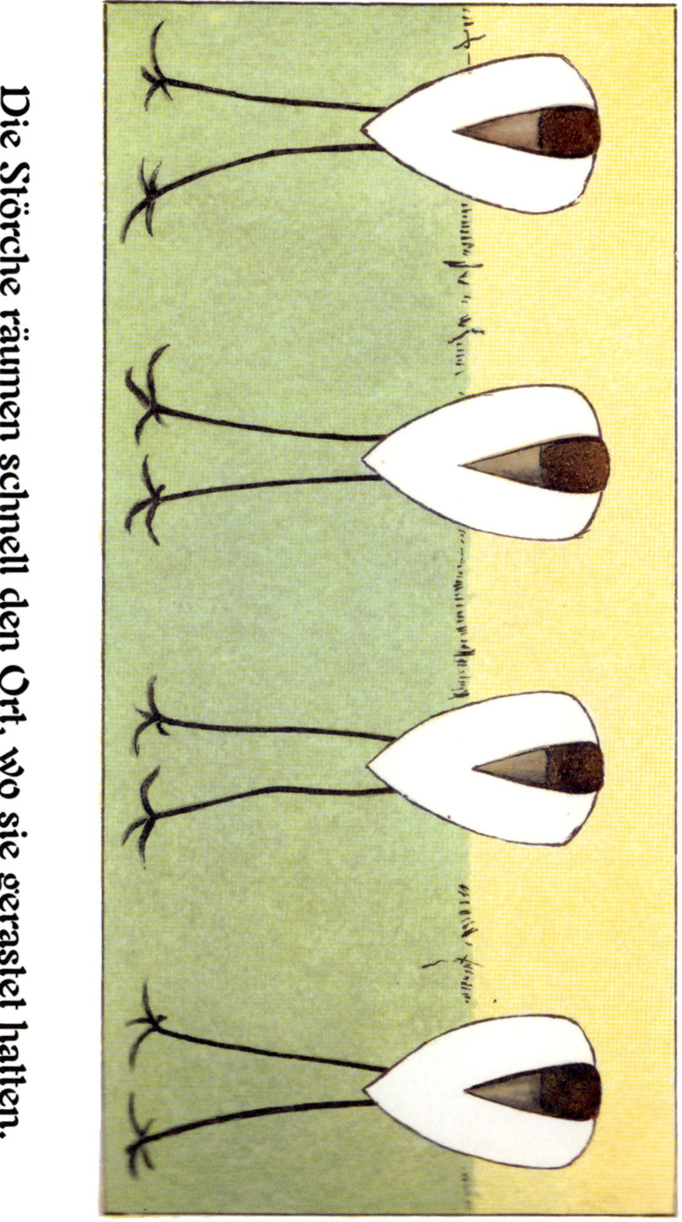

Die Beduinenzelte stehen weiß im Palmenschatten.

Die Störche räumen schnell den Ort, wo sie gerastet hatten.

These innocent Papooses thus pass their early years.

But, later on, in high fur cap, 't is thus that each appears.

Indianerbabys liegen hier wie Puppen eingepackt,

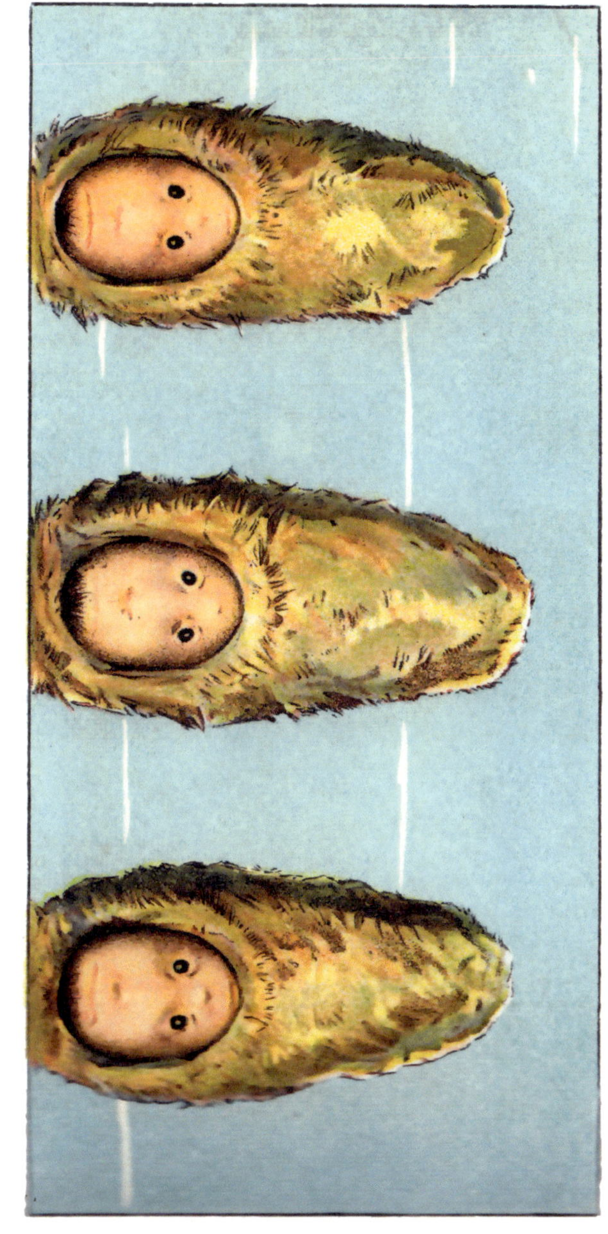

Bevor als Männer sie ihr Pelzhut überragt.

When she saw the Giant coming,
Koti hid behind her fan.

But she's found, and on his shoulder
Koti leaves her loved Japan.

Im Schutz des Fächers war des Mädchens Zufluchtsort.

Da naht ein Riesenkerl und trägt es fort.

From three high hats three Jokers popped, all crying »Peek-a-boo!«

Three frightened Citizens exclaimed, »My godness! who are you?«

In ihren hohen Hüten sitzen Faxenmacher
und schreien dreimal lustig »Holdrio!«

Den braven Bürgern ist das nicht zum Lachen.
Sie fragen ängstlich: »Wer erschreckt uns so?«

A skilled Magician from the East,
with many queer contortions,
His turban doffs, and from it draws a Lad of large proportions.

Der Magier hob den Turban mit Verrenkung
Und zog ein Kind am Ohr aus der Versenkung.

These Dames have modeled skilfully
the gorgeous hats they wear,
From Butterflies that flit about
the meadows everywhere.

Kunstvolle Hüte schmücken Damen so wie diese.

Dafür Modell geflogen waren Falter auf der Wiese.

Rising early, Mrs. Burley in her garden meets the eye;

When it's later, the spectator sees

her hang her clothes to dry.

Frühsport treibt Frau Meier jeden Tag im Garten.

Locker kann sie dann zur Wäscheleine starten.

Three friendly Kings went to a show, and wore their pipes and crowns,

And there saw clever balancing by

three accomplished Clowns.

Mit Kron und Pfeife treten vor ihr Volk die Könige.

Doch damit balancieren, ja das können wenige.

Professor Goggles, taxidermist, certainly looks grim;

He 's just been told his last stuffed Owl

does much resemble him.

Professor Euler stopfte Tiere aus mit Grimm,

Bis sie ihm alle ähnlich sahen. Das ist schlimm.

Some say the famed Sea-serpent came, and by the shore disported.

But others claim this Duck was seen,

and then the fact distorted.

Man munkelt, dass sich Nessie wieder zeigen könnte.

Doch wie sich rausstellt, war es bloß 'ne Ente.

The Koodoo stays alone and dreams
of loved ones far away;
The Seal invites two lively snakes
to come and spend the day.

Der Seehund lud sich Schlangen ein. Zwei sind geblieben.

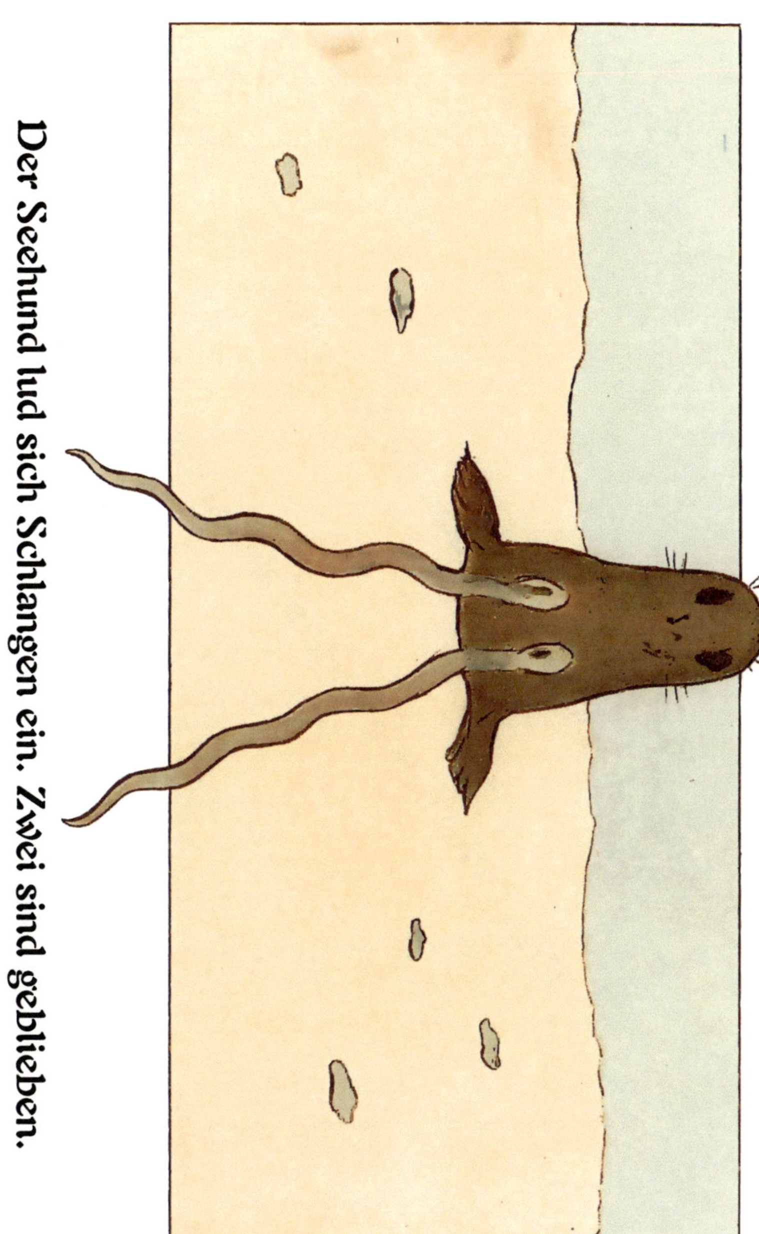

Die Antilope träumt von ihren fernen Lieben.

Here come the great Explorers; in Indian file they pass;

Then follow native Porters, almost hidden in the grass.

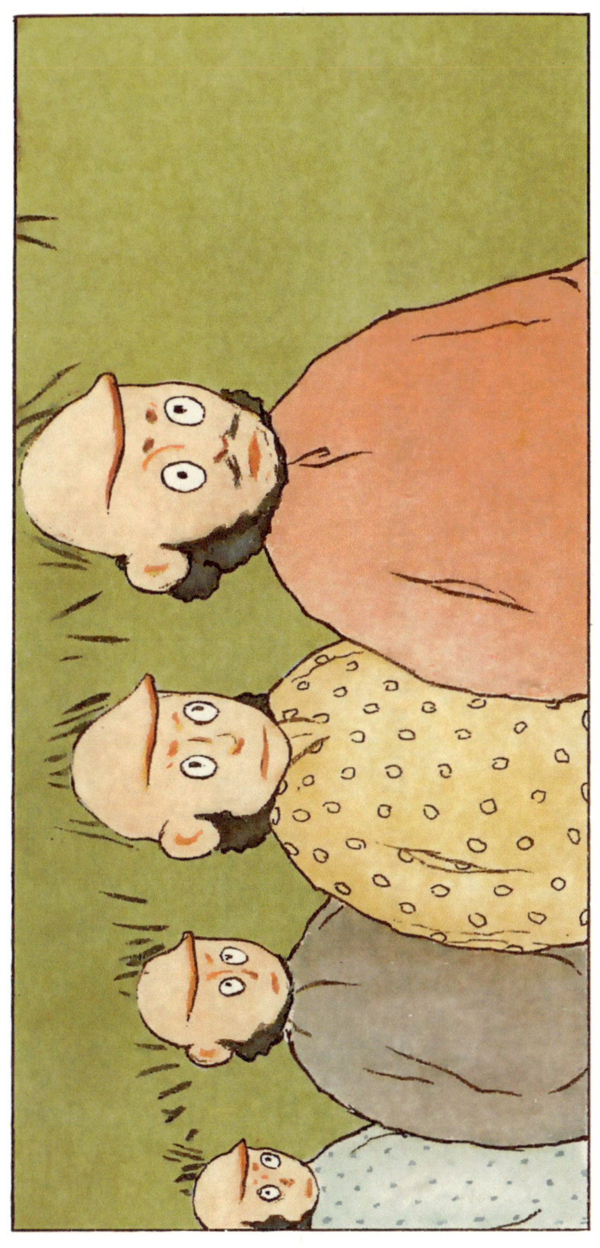

Die Forscher haben grad dies weite Land entdeckt.

Die Träger folgen nach, fast ganz vom Gras versteckt.

How sprucely Sammy parts his hair the neighbors all know well,

But of his table-manners it would not do to tell.

Wie sorgsam Paulchen seine Haare striegelt, ist bekannt.

Doch wie er sich bei Tische aufführt – allerhand!

Some Fishermen went out to fish – but did not care to stay,
Because an Alligator huge came grinning up the bay.

Die Fischer zogen aus zum Fang, doch rudern wieder fort.

Ein Alligator wartete schon grinsend dort.

Three heaping plates of cold Ice-Cream were standing in a row;

Three little boys, three shining spoons! –

where did that Ice-Cream go?

Drei Schüsselchen mit Eis, in dem die Löffel stecken.

Drei Bengels greifen zu und lassen es sich schmecken.

First young Sambo plays the banjo,
and he twangs it with a vim,

Then the banjo borrows Sambo's flute
and plays a tune to him.

Erst zupfte Jim sein Banjo voller Schwung.

Dann borgt das Banjo Jimmies Flöte zur Erwiderung.

Some Indians in war-paint come tiptoeing through the glade,
And all the timid Dicky-birds are silent in the shade.

Indianer auf dem Kriegspfad nähern sich auf Zehenspitzen,

Wo droben in den Zweigen bunte Vögel sitzen.

The tray is brought in by the Maid with cap and apron neat,
The bell is rung – the hungry Guest comes in and takes a seat.

Es kommt die nette Schwester mit der blanken Schürze.

Von weitem schon umweht sie Spiegeleier-Würze.

Three Robbers strode into the road,
and each of them was masked,
Three Merry Minstrels by
were for their purses asked.

Drei Räuber sperren hier den Weg, ein jeder schwarz maskiert.
Den Straßensängern wird ihr Lohn gleich unsanft abkassiert.

How quietly this learned Man
writes out his great oration.
But when he comes to speak his piece
just see what animation!

Ganz still schrieb der gelehrte Mann an seinen großen Reden.

Dann trat er an das Vortragspult und überbrüllte jeden.

A wicked robber horseman charged
upon a woodland elf,
But found the little manikin
could well defend himself.

Der Reiter stürmt zum Angriff auf den Herrn der Elfen

Und merkt erstaunt: Das Männlein kann sich helfen!

Upon a line, two Japanese, though dolls, are most polite;
Not like these shrieking parakeets, both spoiling for a fight.

Die beiden Puppen aus Fernost sehr höflich sich verneigen,

Bevor als Sittiche sie einen Schaukampf zeigen.

A watermelon Pompey loves, and ate one all alone,

That night this grinning nightmare came,

and made poor Pompey

groan.

Johannes liebt Melonen und aß eine ganz.

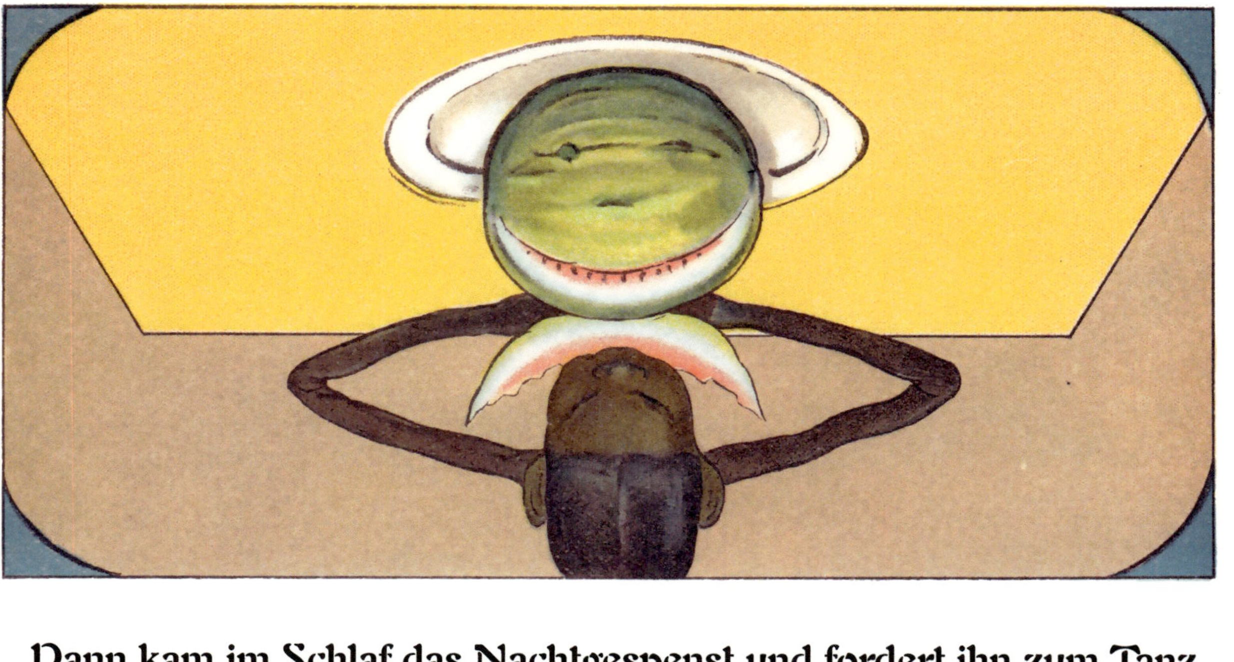

Dann kam im Schlaf das Nachtgespenst und fordert ihn zum Tanz.

Three country boys went swimming,
where oft they'd been before;
But by their clothes they saw a snake,
when they came to the shore.

Drei Freunde gingen fröhlich baden wie schon oft.

Bei ihrer Rückkehr wartet eine Schlange unverhofft.

A broad-brimmed sage omce chased a gnat,
a thiny harmless speck.

He lost the gnat, but found this spring:
It came up to his neck.

Plumps fiel er in den Tümpel und versank im Schlick.

Der Imker jagte wilde Bienen ohne Glück.

In town the Hickson girls are fair, with lips as red as cherries;
But when they linger by the sea they tan as brown as berries.

Ein breiter Hut beschützt der Wangen Milch und Blut.

Dann brennt am Strand sie braun der Sonne Glut.

Two »chappies« on the avenue
one foggy day did meet,
And side by side, with eye-glass fixed,
they strolled along the street.

Zwei Gecken treffen sich, einander unbeliebt,

Und luchsen durchs Monokel, wo es Schnäppchen gibt.

This shepherd thought poetic thoughts
as by the flocks he sat;
But while he wrote his verses,
the goat fed on his hat.

Dem Hirten fielen Verse ein, die gleich er rezitierte,

Als eine Ziege kam und ihm den Hut entführte.

Here Simon Grimm lies fast asleep,
within his cozy bed,
a slouch-hat on his head.
And now a stealthy robber comes,

In tiefem Schlaf liegt Berthold Brav in seinem warmen Bett.

Ein Gauner schleicht sich an, der gern sein Bargeld hätt.

Why do these scurrying, frightened hares
come coursing through the vale?
Because they know three hunting-dogs
are close upon their trail.

Was ist es, das die Hasen so entsetzt?

Sie wittern, dass man sie mit Hunden hetzt.

Hid in a nook the panther sleeps,
and hunts for prey by night;
Above his lair a hawk is perched,
but poised for instant flight.

Der Panther träumt vom Jagen in der Nacht.

Der Falke über ihm hält scharfen Auges Wacht.

This is the serpent-charmer,
so brave he never quakes
When twice around his neck are wound
two lively, squirming snakes.

Ein Schlangenbändiger muss ganz normal es finden,

Wenn sich die Biester fest um seine Gurgel winden.

»Oh, my poor tooth!«

the rider groans, and urges on his horse

Unto the dentist, who exclaims,

»I'll take it out, of course!«

Der Reiter spornt sein Pferd, vor Schmerzen bleich.

Der Zahnarzt tröstet routiniert: »Das ham wir gleich!«

John Wilson's father, grave and stern, is sorely grieved to see

That scapegrace John 's been robbing his choicest apple-tree.

Warum der Onkel so erschüttert schaut?

Der Neffe hat die Äppel ihm geklaut!

The rancher in the blizzard
goes out to save his sheep.
Only his head and hands are seen,
he sinks so very deep.

Vergeblich dieser Farmer seine Schafe rief.

Man sieht nur Kopf und Hand: Der Schneee ist viel zu tief.

Here is a lady of Japan,
and at the court, 't is said,
A famous Warrior of that land
is ever in her head.

Die schöne Dame fühlt der Liebe Schmerz.

Ein stolzer Samurai brach ihr das Herz.

This troop of soldiers, all in file, are looking near and far
To find the famous Forty Thieves, each hid within a jar.

Die Kompanie Soldaten prüft in Reih und Glied,

Wer von den vierzig Räubern aus den Vasen sieht.

A hermit with a long red beard dwelt in a lonely place;
The squirrel gazed with wonder upon his gloomy face.

Der Eremit ist stolz auf seinen langen Bart.

Eichhörnchen starrt ihn neidisch an, ganz in das Rot vernarrt.

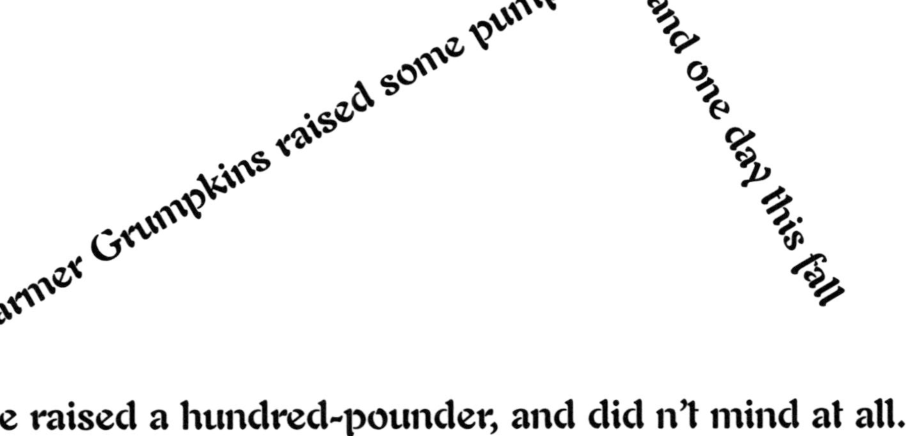
Farmer Grumpkins raised some pumpkins;
and one day this fall
He raised a hundred-pounder, and did n't mind at all.

Der Züchter übt mit seiner Kürbisernte in der Früh.

Bald stemmt er einen Hunderpfünder ohne Müh.

A foreigner in curious clothes sat resting in the shade,
While, just behind, a countryman
undue surprise displayed.

Der Fremde mit dem Dreispitz kehrt sich ab von unsern Blicken.

Aus Neugier will ein Kerl von hier ihm auf die Pelle rücken.

Old Jerry wore his hat so long that it became a jest;

And then his old hen sat in it, and used it for a nest.

Der alte Tom trägt seine Hüte bis zum letzten Rest.

Dann nimmt sie eine Henne gerne noch als Nest.

Die Deutsche Nationalbibliothek verzeichnet diese
Publikation in der Deutschen Nationalbibliografie;
detaillierte bibliografische Daten sind im Internet
uber http://dnb.d-nb.de abrufbar.

Der Verlag dankt Prof. Georg Barber/ATAK,
der sein Exemplar »Topsys & Turvys«
für den Druck zur Verfügung gestellt hat.

© Amalienpresse Wolfgang von Polentz 2018
Amalienpark 6, 13187 Berlin
www.amalienpresse.de
kontakt@amalienpresse.de
1. Auflage 2018
ISBN 978-3-939904-30-4

Grafische Ausführung
Udo M. Wilke
Gesetzt aus der Auriol

Druck und Bindung BoD Norderstedt
Printed in Germany